I0606335

LES REQUINS-CITRONS

Julie K. Lundgren

**Un livre de la collection
Les jeunes plantes de Crabtree**

TABLE DES MATIÈRES

Soutien de l'école à la maison pour les parents, les gardiens et les enseignants

Ce livre aide les enfants à se développer grâce à la pratique de la lecture. Voici quelques exemples de questions pour aider le lecteur ou la lectrice à développer ses capacités de compréhension. Les suggestions de réponses sont indiquées en rouge.

Avant la lecture

- De quoi ce livre parle-t-il?
    - *Je pense que ce livre parle des requins-citrons.*
    - *Je pense que ce livre expliquera pourquoi ils sont jaunes.*
- Qu'est-ce que je veux apprendre sur ce sujet?
    - *Je veux apprendre les habitudes des requins-citrons.*
    - *Je veux savoir si les requins-citrons mordent les gens.*

Pendant la lecture

- Je me demande pourquoi...
    - *Je me demande pourquoi les requins-citrons reposent parfois au fond de l'océan.*
    - *Je me demande pourquoi ils ont deux nageoires dorsales.*
- Qu'est-ce que j'ai appris jusqu'à présent?
    - *J'ai appris que les requins-cirtons nagent dans les eaux chaudes et peu profondes.*
    - *J'ai appris qu'ils se fondent avec le fond sablonneux de l'océan.*

Après la lecture

- Nomme quelques détails que tu as retenus.
    - *J'ai appris que les requins-citrons peuvent voir les couleurs.*
    - *J'ai appris qu'ils se fondent à leur environnement pour attraper leur proie.*
- Lis le livre à nouveau et cherche les mots de vocabulaire.
    - *Je vois les mots* ***peu profondes*** *à la page 10 et le mot* ***dorsales*** *à la page 14. Les autres mots du glossaire se trouvent aux pages 22 et 23.*

LE REQUIN-CITRON

Les requins-citrons sont-ils acides?

Non! Leur couleur est légèrement jaunâtre.

INFO AU DOSSIER

Ils peuvent voir les couleurs!

Ils se fondent avec le fond sablonneux de l'**océan**.

Cela les aide à surprendre leur **proie**.

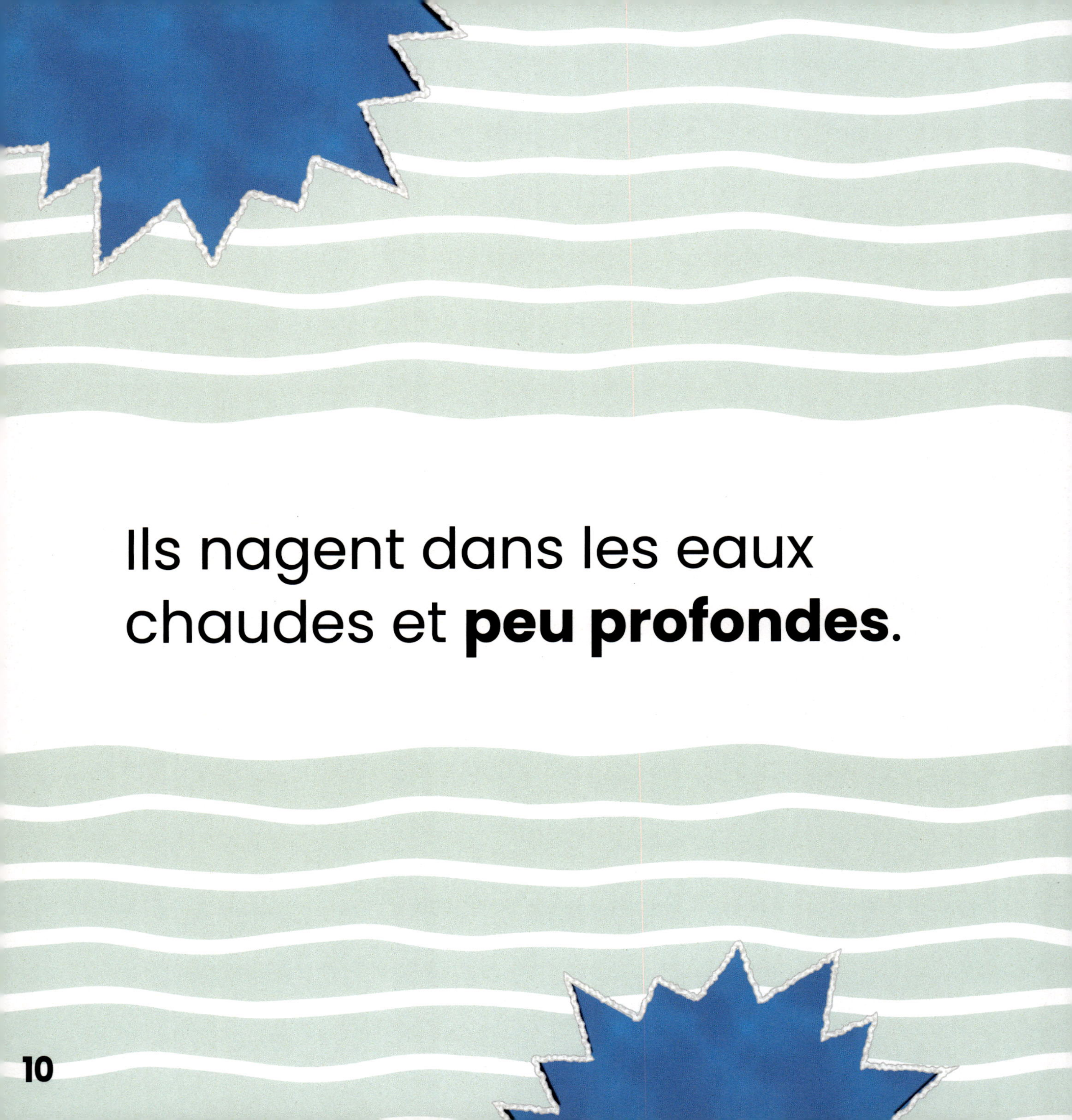

Ils nagent dans les eaux chaudes et **peu profondes**.

Ils chassent des poissons, des **raies** et des crabes.

Ils ont deux nageoires **dorsales** de taille égale.

INFO AU DOSSIER

La longueur des requins-citrons est égale à la hauteur d'un panier de basketball.

Parfois, ils reposent sur le fond de l'océan.

Est-ce qu'ils font une sieste?
Est-ce qu'ils se cachent?

INFO AU DOSSIER

Ils attendent peut-être que les **rémoras** et d'autres poissons les nettoient.

Nous avons beaucoup à apprendre au sujet des requins-citrons!

GLOSSAIRE

dorsales (dor-sal) : Une nageoire dorsale est celle qui se trouve sur le dos d'un requin.

océan (o-cé-an) : Un océan est un vaste plan d'eau salée où vivent de nombreux animaux.

peu profonde (peu pro-fon-de) : L'eau peu profonde est souvent située près des terres.

proie (proa) : Une proie est tout animal chassé et mangé par un autre animal.

raies (rè) : Les raies sont des animaux de l'océan qui ont de grandes nageoires souples pour nager et une longue queue fine.

rémoras (ré-mo-ra) : Les rémoras sont des poissons qui nettoient les restes de nourriture collés aux requins.

Index

À propos de l'autrice

Julie K. Lundgren

Julie K. Lundgren a grandi près du lac Supérieur, où elle s'amusait dans les bois, cueillait des baies et enrichissait sa collection de pierres. Ses intérêts l'ont conduite à un diplôme en biologie. Elle vit au Minnesota avec sa famille.

Sites Web

Les sites Web sont en anglais seulement.

https://easyscienceforkids.com/lemon-shark
www.montereybayaquarium.org/animals/animals-a-to-z/sharks

Autrice : Julie K. Lundgren
Conception : Jennifer Dydyk
Révision : Kelli Hicks
Correctrice : Melissa Boyce
Traduction : Annie Evearts
Coordinatrice à l'impression : Katherine Berti

Références photographiques :
Illustration du requin du logo de la couverture : © BATKA/Shutterstock; illustration du grand requin blanc pour « INFO AU DOSSIER » : © Dashikka/Shutterstock; photo de la couverture : © Moize nicolas/Shutterstock; pages 3 et 5 : © Divepic/ istock, photo en médaillon, page 5 : © Julian Gunther/Shutterstock; page 6 : © Leucas/istock, page 7 : © Ethan Daniels/ Shutterstock; page 9 (les deux photos) : © Greg Amptman/Shutterstock; page 11 : © frantisekhojdysz/ Shutterstock; page 12 : © RickRamos1973/istock, page 13 (raie) : © Longjourneys/Shutterstock, (crabe) : Charlotte Bleijenberg/Shutterstock; page 15 : © shalamov/istock; page 17 : © kaschibo/Shutterstock; page 19 : © Michael Bogner/Shutterstock; page 21 : © NaluPhoto/istock; page 22 (photo du haut) : © Pommeyrol Vincent/Shutterstock, (photo du bas) : © Ernie Hounshell/Shutterstock

---

Crabtree Publishing Company
www.crabtreebooks.com 1-800-387-7650

Au Canada : Nous reconnaissons l'appui financier du gouvernement du Canada par l'entremise du Fonds du livre du Canada pour nos activités de publication.

Publié aux États-Unis
Crabtree Publishing
347 Fifth Avenue
Suite 1402-145
New York, NY, 10016

Publié au Canada
Crabtree Publishing
616 Welland Ave.
St. Catharines, Ontario
L2M 5V6

Imprimé au Canada/082021/CPC

Catalogage avant publication de Bibliothèque et Archives Canada

Titre: Les requins-citrons / Julie K. Lundgren ; texte français d'Annie Evearts.
Autres titres: Lemon sharks. Français.
Noms: Lundgren, Julie K., auteur.
Description: Mention de collection: Dossiers sur les requins | Les jeunes plantes de Crabtree | Traduction de : Lemon sharks. | Comprend un index.
Identifiants: Canadiana (livre imprimé) 20210284641 | Canadiana (livre numérique) 20210284684 | ISBN 9781039609648 (couverture souple) | ISBN 9781039609709 (HTML) | ISBN 9781039609761 (EPUB)
Vedettes-matière: RVM: Requin citron—Ouvrages pour la jeunesse. | RVMGF: Documents pour la jeunesse.
Classification: LCC QL638.95.C3 L86514 2022 | CDD j597.3/4—dc23